FORMULAIRES

DES

PROCEZ VERBAUX

ET

DES AUTRES ACTES NECESSAIRES

POUR L'EXECUTION

DE LA FONDATION.

A PARIS,

Chez LOUIS-DENIS DELATOUR & PIERRE SIMON, Imprimeurs du Parlement & de la Cour des Aydes, ruë de la Harpe, aux trois Rois.

MDCCXXII.

FORMULAIRES

DES PROCEZ VERBAUX & des autres Actes necessaires pour l'execution de la Fondation.

DIMANCHE DE PASQUES FLEURIES.

POUR les Paroisses particulieres, & pour les Chefs-lieux où il y a des Paroisses ressortissantes.

Procez verbal de continuation d'une fille en sa premiere élection.

1. L'AN mil sept cens le jour du mois de Dimanche de Pâques-fleuries, après la grande Messe celebrée en l'Eglise de Pardevant nous Curé Juge Procureur Fiscal, & Greffier dudit lieu, se sont assemblez les Paroissiens de ladite Eglise, tant des plus anciens & notables qu'autres, au nombre de Sçavoir,

Il faut mettre l'année, le jour & le mois, & le nom de la Paroisse.

Mettre les noms & surnoms du Curé & des trois Officiers.

Il faut 9. Paroissiens ou au moins 7. & mettre leurs noms, surnoms & qualitez.

suivant l'avertissement qui leur en fut fait au Prône du Dimanche de la Passion dernier, & réïteré ce jourd'hui, pour vacquer à ce qui est requis de leur part pour l'execution de la Fondation du mariage de soixante pauvres filles par chacun an, faite par défunts Monseigneur le Duc & Madame la Duchesse de Nivernois & de Rethelois.

Mettre les noms & surnoms de la fille & de ses pere & mere, la qualité du pere, & pour combien de fois elle a été élûë l'année precedente.

2. Et s'étant lesdits Paroissiens enquis, & aïant trouvé que fille de & de sa femme, qui fut élûë l'année derniere pour la fois, & qui n'a pas obtenu le sort du bon Billet, est encore de la qualité requise, aïant toûjours vêcu catholiquement & en fille de bien, & non mariée, elle a été mandée, & après qu'elle a declaré qu'elle desiroit joüir du droit qui lui est acquis par sa premiere élection, ils l'ont élûë & confirmée pour la fois,

Mettre pour combien de fois elle sera confirmée dans son élection.

Mettre le nom du Chef-lieu.

3. Et l'ont avertie de se trouver le Mardi d'après Pâques prochain en l'Eglise de avant la grande Messe, pour tirer au sort, & en cas d'empêchement, d'y envoïer quelqu'un de sa part pour tirer le sort pour elle, à l'effet dequoi lui a été délivré une expedition du present procez verbal; afin de la representer lorsqu'elle viendra pour tirer au sort, ou celui qu'elle envoïera pour elle.

4. En témoin dequoi nous Curé, Juge, Procureur Fiscal & Greffier susdits, avons signé le present procez verbal les jour & an que dessus avec ladite fille & lesdits Paroissiens ci-dessus nommez.

Si la fille & quelques-uns des Paroissiens ne sçavent pas signer; il faut ajoûter,

Mettre seulement les surnoms de ceux qui ne sçavent pas signer.

Excepté ladite fille & lesdits qui ont declaré ne sçavoir écrire ni signer, de ce interpellez.

Et si tous ne sçavent pas signer, il faut après les mots, les jour & an que dessus, *mettre ceux-ci*,

Et ont lesdits Paroissiens & ladite fille declaré ne sçavoir écrire ni signer, de ce interpellez.

Procez verbal d'élection d'une fille, au lieu de celle qui a été élûë l'année précedente.

1. L'AN mil ſept cens   le   jour du mois de   Dimanche de Pâques-fleuries, après la grande Meſſe celebrée en l'Egliſe de   en preſence de Nous   Curé   Juge   Procureur Fiſcal, &   Greffier dudit lieu, ſe ſont aſſemblez les Paroiſſiens de ladite Egliſe, tant des plus anciens & notables qu'autres, au nombre de   qui ſont

Il faut mettre l'année, le jour & le mois, & le nom de la Paroiſſe.

Mettre les noms & ſurnoms du Curé & des trois Officiers.

Il faut 9. ou au moins 7. Paroiſſiens, & mettre leurs noms, ſurnoms & qualitez.

ſuivant l'avertiſſement qui leur en fut fait au Prône du Dimanche de la Paſſion dernier, & reïteré ce jourd'hui, pour vaquer à ce qui eſt requis de leur part pour l'execution de la Fondation faite par défunts Monſeigneur le Duc & Madame la Ducheſſe de Nivernois & de Rethelois, pour le mariage de ſoixante pauvres filles par chacun an.

2. Et s'étant leſdits Paroiſſiens enquis, ils ont trouvé qu'il faut élire une fille pour tirer au ſort le Mardi d'après Pâques prochain, n'aïant point été fait d'élection l'année derniere, parce qu'il ne s'y eſt trouvé aucune fille de la qualité requiſe,

Ou bien, à cauſe que les Habitans n'y ont fait aucune élection, faute de charité chrétienne.

Ou bien, au lieu de   qui fut élûë l'année derniere, & qui obtint le ſort du bon Billet ladite année.

Mettre ſeulement le ſurnom de la fille élûë l'année précedente.

Ou bien, qui eſt depuis décedée,

Ou bien, qui s'eſt mariée ſans attendre que le ſort du bon Billet lui ſoit échû,

Ou bien, qui s'eſt renduë indigne de tirer au

ſort pour avoir été infidelle à l'honneur de ſon ſexe,

Ou bien, qui a declaré ne vouloir joüir du droit de ſa premiere élection.

3. C'eſt pourquoi leſdits Paroiſſiens aſſemblez ont d'un commun conſentement choiſi pour élire ladite pauvre fille, les trois hommes & trois femmes ci-aprés nommez, ſçavoir,

Mettre les noms, ſurnoms & qualitez des électeurs & des électrices, & de leurs maris.

leſquels ils ont promis d'avertir de ſe trouver pour cet effet dans ce lieu après les Vêpres de cejourd'hui.

4. En temoin dequoi Nous Curé, Juge, Procureur Fiſcal & Greffier ſuſdits, avons ſigné le preſent procez verbal les jour & an que deſſus, avec leſdits Paroiſſiens ci-devant nommez.

Si quelques-uns des Paroiſſiens ne ſçavent pas ſigner on ajoûtera

Mettre ſeulement les ſurnoms de ceux qui ne ſçavent pas ſigner.

Excepté leſd   qui ont declaré ne ſçavoir écrire ni ſigner, de ce interpellez.

Et ſi tous ne ſçavent pas ſigner, après les mots, les jour & an que deſſus, *il faut mettre ceux-ci*,

Et ont tous leſdits Paroiſſiens declaré ne ſçavoir écrire ni ſigner, de ce interpellez.

Suite du procez verbal ci-deſſus.

Mettre le jour, l'année & le mois, & le nom de la Paroiſſe.

1. Et ledit jour   du mois de mil ſept cent   après les Vêpres chantez en ladite Egliſe de   leſd   Electeurs & leſd

Mettre ſeulement les ſurnoms des électeurs, & les noms & ſurnoms des électrices.

Electrices ſe ſont preſentez audit lieu pardevant Nous Curé, Juge, Procureur Fiſcal & Greffier ſuſdits en preſence de pluſieurs Paroiſſiens aſſemblez.

2. Et après avoir exhorté leſdits Electeurs & Electrices de proceder ſincerement en leur honneur & conſcience à l'élection d'une pauvre fille de la qualité requiſe, ils l'ont promis & en ont prêté le ſerment accoûtumé ſuivant la Fondation.

3. Enſuite le Greffier a lû à haute voix les articles 18. 20. 23. 25. 28. 29. 33. & 34. de la Fondation.

4. Cela fait leſdits Electeurs & Electrices ſe ſont retirez à part en ladite Egliſe, où aïant conferé entr'eux ſix ſeulement, ils nous ont rapporté en preſence de toute l'aſſemblée qu'ils ont élû   fille de   & de   ſa femme & aſſûré qu'ils en ont bonne connoiſſance & qu'elle n'eſt fille, ſœur ni niéce d'aucuns d'eux & n'a été à leur ſervice ni à celui des Officiers principaux, ni du Curé ou Vicaire de cette Paroiſſe depuis un an; qu'elle eſt fille de bien, catholique, la plus neceſſiteuſe de toutes celles qu'ils connoiſſent, née en cette Seigneurie & âgée de plus de ſeize ans.

Mettre les noms & ſurnoms de la fille & de ſes pere & mere, & la qualité du pere.

5. Après quoi nous avons averti ladite fille de ſe trouver le Mardy d'après Pâques prochain en l'Egliſe de   avant la grande Meſſe pour tirer au ſort, & en cas d'empêchement d'y envoïer quelqu'un de ſa part, pour tirer le ſort pour elle, & pour cet effet lui a été delivré une expedition du preſent procez verbal, afin de la repreſenter lorſqu'elle viendra pour tirer au ſort ou celui qu'elle envoïera pour elle.

Mettre le nom du Chef-lieu.

6. En temoin dequoi Nous Curé, Juge, Procureur Fiſcal & Greffier ſuſdits, avons ſigné le preſent procez verbal les jour & an que deſſus, avec leſdits Electeurs & Electrices ci-deſſus nommez.

Si quelques-uns des Electeurs & Electrices ne sçavent pas signer, il faudra ajoûter,

Mettre seulement les surnoms de ceux qui ne sçavent pas signer.

Excepté lesd qui ont declaré ne sçavoir écrire ni signer, de ce interpellez.

Et si tous ne sçavent pas signer, après les mots, les jour & an que dessus, *il faudra mettre ceux-ci*,

Et ont tous lesdits Electeurs & Electrices declaré ne sçavoir écrire ni signer, de ce interpellez.

Si quelques-uns des Electeurs & Electrices ne se trouvoient pas dans l'Eglise à l'issuë des Vêpres, il ne faudra mettre dans le premier article que ceux qui seront presens & après ce premier article il faudra ajoûter celui qui suit.

Mettre les surnoms des électeurs, & les noms & surnoms des électrices absens.

Mettre le nombre & les noms, surnoms & qualitez des Paroissiens presens.

Et dautant que lesd ne se sont point presentez, les Paroissiens presens au nombre de qui sont

Mettre les noms, surnoms & qualitez des électeurs & électrices, & de leurs maris, choisis en la place des absens.

ont choisi en la place des absens

qui se sont trouvez en ladite Eglise

Et après avoir exhorté, &c.

Si les Electeurs & Electrices n'étoient d'acord & élisoient plus d'une fille, au lieu de l'art. 4. *il faudra mettre celui-ci.*

Cela fait lesdits Electeurs & Electrices se sont retirez à part en ladite Eglise, où aïant conferé entr'eux six seulement, ils nous ont rapporté en presence de toute l'assemblée que s'étans trouvez partagez dans leurs opinions ils ont élû filles, sçavoir,

Mettre le nombre des filles élûës & leurs noms & surnoms & ceux de leurs peres & meres avec les qualitez des peres.

surquoi les Paroissiens presens au nombre de qui sont

Mettre le nombre & les noms, surnoms & qualitez des Paroissiens presens.

après avoir deliberé entr'eux ont choisi & élû lad comme la plus digne de joüir du benefice de la Fondation & assûré qu'ils en ont bonne connoissance & qu'elle n'est fille, sœur ni niéce d'aucuns d'eux & n'a été à leur service ni à celui des Officiers principaux, ni du Curé ou Vicaire de cette Paroisse depuis un an, qu'elle est fille de bien, catholique, la plus necessiteuse de toutes celles qu'ils connoissent, née en cette Seigneurie & âgée de plus de seize ans.

Mette seulement le nom & surnom de la fille élûë.

Après quoi nous avons averti ladite fille, &c.

Et au lieu du dernier article, il faudra mettre celui qui suit.

En témoin dequoi Nous Curé, Juge, Procureur Fiscal & Greffier susdits, avons signé le present procez verbal les jour & an que dessus avec lesdits Paroissiens, Electeurs & Electrices ci-devant nommez.

Si quelques-uns ne sçavent pas signer, il faudra ajoûter,

Excepté lesdits qui ont declaré ne sçavoir écrire ni signer, de ce interpellez.

Mettre seulement les surnoms de ceux qui ne sçavent pas signer.

Et si tous ne sçavent pas signer, après les mots, les jour & an que dessus, *il faudra mettre ceux-ci,*

Et ont tous lesdits Paroissiens, électeurs & électrices declaré ne sçavoir écrire ni signer, de ce interpellez.

DIMANCHE DE PASQUES

DIMANCHE DE PASQUES FLEURIES

Pour les Châtellenies où il n'y a aucunes Paroiſſes reſſortiſſantes.

Procez verbal de continuation d'une fille & élection d'une autre.

Mettre le jour, l'année & le mois, & le nom de la Paroiſſe.

1. L'AN mil ſept cent le jour du mois de Dimanche de Pâques Fleuries, après la grande Meſſe celebrée en l'Egliſe de

Mettre les noms & ſurnoms du Curé & des trois Officiers.

pardevant Nous Curé Juge Procureur Fiſcal & Greffier dudit lieu, ſe ſont aſſemblez les Paroiſſiens de ladite Egliſe, tant des plus anciens & notables qu'autres, au nombre de qui ſont

Il faut 9. ou au moins 7. Habitans & mettre leurs noms, ſurnoms & qualitez.

ſuivant l'avertiſſement qui leur en fut fait au Prône du Dimanche de la Paſſion dernier & reiteré cejourd'hui, pour vacquer à ce qui eſt requis de leur part pour l'execution de la Fondation faite par défunts Monſeigneur le Duc & Madame la Ducheſſe de Nivernois & de Rethelois, pour le mariage de ſoixante pauvres filles par chacun an.

Mettre les noms & ſurnoms de la fille & de ſes pere & mere, la qualité du pere, & le nombre de fois qu'elle a été élûë l'année precedente.

2. Et s'étant leſdits Paroiſſiens enquis & aïant trouvé que fille de & de ſa femme qui fut élûë l'année derniere pour la fois & qui n'a pas obtenu le ſort du bon Biliet eſt encore de la qualité requiſe, aïant

aïant toûjours vêcu catholiquement & en fille de bien & non mariée, elle a été mandée & après qu'elle a declaré qu'elle desiroit joüir du droit qui luy est acquis par sa premiere élection, ils l'ont élûë & confirmée pour la · fois.

Mettre pour combien de fois la fille sera confirmée dans son élection.

3. Et l'ont avertie de se trouver le Mardy d'après Pâques prochain en cette Eglise avant la grande Messe, pour tirer au sort, & en cas d'empêchement d'y envoyer quelqu'un de sa part pour tirer au sort pour elle, & pour cet effet lui a été delivré une expedition du present procez verbal, pour la representer lorsqu'elle viendra pour tirer au sort ou celui qu'elle envoïera pour elle.

4. Et dautant qu'il en faut élire une autre au lieu de qui a obtenu le bon Billet l'année derniere, lesdits Paroissiens assemblez, ont d'un commun consentement, choisi pour élire ladite pauvre fille, les trois hommes & trois femmes ci-après nommez; sçavoir,

Mettre seulement le nom & surnom de la fille élûë l'année derniere.

Mettre les noms surnoms & qualitez des électeurs & des électrices, & de leurs maris.

lesquels ils ont promis d'avertir de se trouver en ce lieu après les Vêpres de cejourd'hui.

5. En témoin dequoi, nous Curé, Juge, Procureur Fiscal & Greffier susdits avons signé le present procez verbal les jour & an que dessus avec ladite fille & lesdits Paroissiens ci-dessus nommez.

Si la fille & quelques-uns des Paroissiens ne sçavent pas signer, il faudra ajoûter,

Excepté ladite fille & lesd qui ont declaré ne sçavoir écrire ni signer, de ce interpellez.

Mettre seulement les noms propres de ceux qui ne sçavent pas signer.

Si tous ne sçavent pas signer il faudra après les mots, les jour & an que dessus, *ajoûter ceux-ci.*

Et ont lesdits Paroissiens & ladite fille declaré ne sçavoir écrire ni signer, de ce interpellez.

Suite du procez verbal ci-dessus.

Mettre le jour, le mois & l'année, & le nom de la Paroisse.

1. ET LEDIT JOUR du mois de mil sept cent Dimanche de Pâques Fleuries après les Vêpres chantez en ladite Eglise de se sont presentez audit lieu lesdits Electeurs & lesdites Electrices pardevant nous Curé, Juge, Procureur Fiscal & Greffier susdits, en presence de plusieurs Paroissiens assemblez.

Mettre seulement les surnoms des électeurs, & les noms & surnoms des électrices.

2. Et après avoir exhorté lesdits Electeurs & Electrices de proceder sincerement en leur honneur & conscience à l'élection d'une pauvre fille de la qualité requise, ils l'ont promis & en ont prêté le serment accoûtumé suivant la Fondation.

3. Ensuite le Greffier a lû à haute voix les articles 18. 20. 25. 28. 29. 33. & 34. de la Fondation.

4. Cela fait lesdits Electeurs & Electrices se sont retirez à part en ladite Eglise, ou aïant conferé entr'eux six seulement, ils nous ont rapporté en presence de toute l'assemblée qu'ils ont élû fille de & de sa femme & assûré qu'ils en ont bonne connoissance & qu'elle n'est fille, sœur, ni niéce d'aucuns d'eux & n'a été à leur service ni à celui des Officiers principaux, ni du Curé ou Vicaire de cette Paroisse, depuis un an; qu'elle est fille de bien, catholique, la plus necessiteuse de toutes celles qu'ils connoissent, née en cette Seigneurie & âgée de plus de seize ans.

Mettre les noms & surnoms de la fille & de ses pere & mere & la qualité du pere.

5. Après quoi Nous avons averti ladite fille de se trouver le Mardy d'après Pâques prochain en cette Eglise avant la grande Messe, pour tirer au

ſort & en cas d'empêchement d'y envoyer quelqu'un de ſa part pour tirer le ſort pour elle, & pour cet effet lui a été delivré une groſſe du preſent procez verbal afin de la repreſenter lorſqu'elle viendra pour tirer au ſort ou celui qu'elle envoïera pour elle.

6. En témoin dequoi, nous Curé, Juge, Procureur Fiſcal & Greffier ſuſdits, avons ſigné le preſent procez verbal les jour & an que deſſus, avec leſdits Electeurs & Electrices ci-devant nommez.

Si quelques-uns des Electeurs ou Electrices ne ſçavent pas ſigner, il faudra ajoûter,

Excepté leſdits qui ont declaré ne ſçavoir écrire ni ſigner, de ce interpellez.

Mettre ſeulement les ſurnoms de ceux qui ne ſçavent pas ſigner.

Si tous ne ſçavent pas ſigner, après ces mots, les jour & an que deſſus, *il faudra mettre ceux-ci.*

Et ont leſdits Electeurs & Electrices declaré ne ſçavoir écrire ni ſigner, de ce interpellez.

Si quelques-uns des Electeurs & Electrices ne ſe trouvoient pas dans l'Egliſe à l'iſſuë des Vêpres, il ne faudra mettre dans le premier article que ceux qui ſeront preſens, & après ce premier article il faudra ajoûter celui qui ſuit.

Et attendu que leſd ne ſe ſont point preſentez, leſdits Paroiſſiens preſens au nombre de qui ſont

Mettre les ſurnoms des électeurs, & les noms & ſurnoms des électrices abſens.

Mettre le nombre & les noms, ſurnoms & qualitez des Paroiſſiens preſens.

ont choiſi en leur lieu & place qui ſe ſont trouvez en ladite Egliſe.

Mettre les noms, ſurnoms & qualitez des électeurs & électrices & de leurs maris choiſis en la place des abſens.

Et après avoir exhorté, &c.

Si les Electeurs & Electrices n'étoient d'accord & élisoient plus d'une fille au lieu de l'art. 4. il faudra mettre celui qui suit.

Cela fait lesdits Electeurs & Electrices se sont retirez à part en ladite Eglise & aïant conferé entr'eux six seulement, ils nous ont rapporté en presence de toute l'assemblée, que s'étant trouvez partagez dans leurs opinions, ils ont élû filles ; sçavoir,

Mettre le nombre des filles élûës, leurs noms, surnoms, & ceux de leurs peres & meres & les qualitez des peres.

surquoi les Paroissiens presens au nombre de qui sont

Mettre les noms surnoms & qualitez des Paroissiens presens.

après avoir deliberé entr'eux ont choisi & élû ladite comme la plus digne de joüir du benefice de la Fondation & assûré qu'ils en ont bonne connoissance, & qu'elle n'est fille, sœur, ni niéce d'aucuns d'eux, & n'a été à leur service ni à celui des Officiers principaux, ni du Curé ou du Vicaire de cette Paroisse, depuis un an ; qu'elle est fille de bien, catholique, la plus necessiteuse de toutes celles qu'ils connoissent, née en cette Seigneurie & âgée de plus de seize ans.

Mettre seulement le nom & surnom de la fille élûë.

Après quoi nous avons averti ladite fille, &c.

Et au lieu du dernier art. il faudra mettre celui qui suit.

En témoin dequoi, nous Curé, Juge, Procureur Fiscal & Greffier susdits, avons signé le present procez verbal les jour & an que dessus, avec lesdits Paroissiens & lesdits Electeurs & Electrices ci-devant nommez.

Et si tous ou quelques-uns ne sçavent pas signer, il en faudra faire mention comme ci-dessus, page 7.

Procez verbal d'élection de deux filles au lieu de celles qui ont été élûës l'année precedente dans les Châtellenies où il n'y a aucunes Paroisses ressortissantes.

L'AN mil sept cent le jour du mois de Dimanche de Pâques Fleuries après la grande Messe celebrée en l'Eglise de pardevant Nous Curé, Juge, Procureur Fiscal & Greffier dudit lieu, se sont assemblez les Paroissiens de ladite Eglise, tant des plus anciens & notables qu'autres, au nombre de qui sont suivant l'avertissement qui leur en fut fait au Prône du Dimanche de la Passion dernier, & réiteré cejourd'hui pour vacquer à ce qui est requis de leur part pour l'execution de la Fondation faite par défunts Monseigneur le Duc & Madame la Duchesse de Nivernois & de Rethelois, pour le mariage de soixante pauvres filles par chacun an.

Mettre le jour le mois & l'année, & le nom de la Paroisse.

Mettre les noms surnoms du Curé & des trois Officiers.

Il faut 9. ou au moins 7. Paroissiens, & mettre leurs noms, surnoms& qualitez.

2. Et s'étans lesdits Paroissiens enquis ils ont trouvé qu'il faut élire cette année deux filles, sçavoir une au lieu de qui obtint le sort du bon Billet l'année derniere & l'autre au lieu de qui n'obtint pas le sort du bon Billet, & qui est depuis décedée,

Mettre seulement les noms & surnoms des filles.

Ou bien, qui s'est mariée sans attendre que le sort du bon Billet lui soit échû.

Ou bien, qui s'est renduë indigne de tirer au sort pour avoir été infidele à l'honneur de son sexe.

Ou bien, qui a declaré ne vouloir joüir du

droit de sa premiere élection ni tirer au sort.

C'est pourquoi lesdits Paroissiens assemblez ont d'un commun consentement choisi pour élire lesdites deux pauvres filles, les trois hommes & trois femmes ci-après nommez, sçavoir,

Mettre les noms surnoms & qualitez des électeurs & des électrices, & de leurs maris.

lesquels ils ont promis d'avertir de se trouver pour cet effet en ce lieu après les Vêpres de ce-jourd'hui.

4. En témoin dequoi, nous Curé, Juge, Procureur Fiscal & Greffier susdits, avons signé le present procez verbal les jour & an que dessus, avec lesdits Paroissiens ci-devant nommez.

Si quelques-uns ne sçavent pas signer, il faudra ajoûter,

Excepté lesd

Mettre seulement les surnoms de ceux qui ne sçavent pas signer.

qui ont declaré ne sçavoir écrire ni signer, de ce interpellez.

Si tous ne sçavent pas signer, après les mots, les jour & an que dessus, *il faut mettre*,

Et ont tous lesdits Paroissiens declaré ne sçavoir écrire ni signer, de ce interpellez.

Si on élit deux filles à cause que celles élûës l'année derniere ont eu chacune un bon Billet, au lieu de l'article deux il faudra mettre celui-ci.

Et s'étans lesdits Paroissiens enquis, ils ont trouvé qu'il faut élire cette année deux filles à cause que

Mettre seulement les noms & surnoms des filles.

élûës l'année derniere eurent chacune un bon Billet comme il est porté au procez verbal de ladite année.

C'est pourquoi lesdits Paroissiens, &c.

Suite du procez verbal ci-dessus.

1. ET LEDIT JOUR du mois de mil sept cent Dimanche de Pâques Fleuries après les Vêpres chantez en l'Eglise de lesd Electeurs & lesd Electrices se sont presentez audit lieu pardevant nous Curé, Juge, Procureur Fiscal & Greffier susdits, en presence de plusieurs Paroissiens assemblez.

Mettre le jour, le mois & l'année, & le nom de la Paroisse.

Mettre seulement les noms des électeurs & les noms & surnoms des électrices.

2. Et après avoir exhorté lesdits Electeurs & Electrices de proceder sincerement en leur honneur & conscience à l'élection de deux pauvres filles de la qualité requise, ils l'ont promis & en ont prêté le serment accoûtumé, suivant la Fondation.

3. Ensuite le Greffier a lû les articles 18. 20. 23. 28. 29 .33. & 34. de la Fondation.

4. Cela fait lesdits Electeurs & Electrices se sont retirez à part en ladite Eglise, où aïant conferé entr'eux six seulement, ils nous ont rapporté en presence de toute l'assemblée qu'ils ont élû fille de & de sa femme, & fille de & de sa femme, & assûré qu'ils en ont bonne connoissance, & qu'elles ne sont filles, sœurs ni niéces d'aucuns d'eux, & n'ont été à leur service ni à celui des Officiers principaux, ni du Curé ou Vicaire de cette Paroisse depuis un an; qu'elles sont filles de bien, catholiques, les plus necessiteuses de toutes celles qu'ils connoissent, nées en cette Seigneurie & âgées chacune de plus de seize ans.

Mettre les noms & surnoms des filles élûës, & de leurs peres & meres, avec les qualitez des peres.

5. Après quoi nous avons averti lesdites filles de se trouver le Mardy d'après Pâques pro-

chain en l'Eglise de ce lieu avant la grande Messe pour tirer au sort, & en cas d'empêchement d'y envoïer quelqu'un de leur part pour tirer le sort pour elles, & pour cet effet a été delivré à chacune d'elles une expedition du present procez verbal, pour la representer lorsqu'elles viendront pour tirer au sort ou ceux qu'elles envoïeront pour elles.

6. En temoin dequoi, nous Curé, Juge, Procureur Fiscal & Greffier susdits, avons signé le present procez verbal les jour & an que dessus, avec lesdits Electeurs & Electrices ci-devant nommez.

Si quelques-uns des Electeurs & Electrices ne sçavent pas signer, il faudra ajoûter,

Mettre seulement les surnoms de ceux qui ne sçavent pas signer.

Excepté lesd

qui ont declaré ne sçavoir écrire ni signer, de ce interpellez.

Si tous ne sçavent pas signer, après les mots, les jour & an que dessus, *il faudra mettre,*

Et ont lesdits Electeurs & Electrices declaré ne sçavoir écrire ni signer.

Si quelques-uns des Electeurs & Electrices ne se trouvoient pas dans l'Eglise à l'issuë des Vêpres, il ne faudra mettre dans le premier article que ceux qui seront presens, & après ce premier article il faudra ajoûter celui-ci.

Mettre les noms & surnoms des électeurs & électrices absens.

Et dautant que lesd

Mettre les noms surnoms & qualitez des Paroissiens.

ne se sont point presentez, lesdits Paroissiens presens au nombre de qui sont

ont

ont choisi en leur lieu & place
qui se sont trouvez en ladite Eglise.

Mettre les noms surnoms & qualitez des électeurs & électrices, & de leurs maris qui seront nommez en la place des absens.

Si les Electeurs & Electrices n'étoient d'accord & élisoient plus de deux filles, au lieu de l'art. 4. sera mis celui-ci.

Cela fait lesdits Electeurs & Electrices se sont retirez à part en ladite Eglise, où aïant conferé entr'eux six seulement, ils nous ont rapporté en presence de toute l'assemblée que leurs opinions aïant été partagées ils ont élû
filles, sçavoir,

Mettre les noms & surnoms des filles & de leurs peres & meres & les qualitez des peres.

surquoi les Paroissiens presens au nombre de
qui sont

Mettre le nombre des Paroissiens & leurs noms, surnoms & qualitez.

ont choisi & élû lesd
comme les plus dignes de joüir du benefice de la Fondation & assûré qu'ils en ont bonne connoissance & qu'elles ne sont filles, sœurs ni niéces d'aucuns d'eux, & n'ont été à leur service ni à celui des Officiers principaux ni du Curé ou Vicaire de cette Paroisse depuis un an; qu'elles sont filles de bien, catholiques, les plus necessiteuses de toutes celles qu'ils connoissent, nées en cette Seigneurie & âgées chacune de plus de seize ans.

Mettre seulement les noms & surnoms des filles élûës.

Après quoi nous avons averti lesdites filles, &c.

Et au lieu du dernier art. il faudra mettre celui qui suit.

En témoin dequoi Nous Curé, Juge, Procureur Fiscal & Greffier susdits, avons signé le present procez verbal les jour & an que dessus avec lesdits Paroissiens, Electeurs & Electrices ci-dessus nommez.

Si quelques-uns ou tous ne sçavent pas signer, il faudra mettre comme ci-dessus, page 7.

Procez verbal pour les Paroisses où il ne se trouvera pas de filles de la qualité requise.

Mettre l'année, le jour & le mois, & le nom de la Paroisse.

1. L'AN mil sept cent le jour du mois de Dimanche de Pâques Fleuries après la grande Messe celebrée en l'Eglise de en presence de Nous

Mettre les noms & surnoms des Curez & des trois Officiers.

Curé, Juge Procureur Fiscal & Greffier dudit lieu, se sont assemblez les Paroissiens de ladite Eglise, tant des plus anciens & notables qu'autres au nombre de qui sont

Il faut 9. ou au moins 7. Habitans, & mettre leurs noms, surnoms & qualitez.

suivant l'avertissement qui leur en fut fait au Prône du Dimanche de la Passion dernier & réiteré cejourd'hui pour vacquer à ce qui est requis de leur part pour l'execution de la Fondation faite par défunts Monseigneur le Duc & Madame la Duchesse de Nivernois & de Rethelois pour le mariage de soixante pauvres filles de leurs Terres par chacun an.

2. Et s'étant lesdits Paroissiens enquis ils ont trouvé qu'il faut élire une fille pour tirer le sort le Mardy d'après Pâques prochain, n'aïant point été fait d'élection l'année derniere parce qu'il ne s'y est trouvé aucune fille de la qualité requise,

Ou bien, à cause que les Habitans n'y ont fait aucune élection faute de charité chrétienne,

Mettre le nom & surnom de la fille.

Ou bien, au lieu de qui fut élûë l'année derniere & qui obtint le sort du bon Billet,

Ou bien, qui s'est mariée sans attendre que le sort du bon Billet lui soit échû,

Ou bien, qui est depuis décedée,

Ou bien, qui s'est renduë indigne de tirer au

ſort pour avoir été infidele à l'honneur de ſon ſexe,

Ou bien, qui a declaré ne vouloir joüir du droit de ſa premiere élection, ni tirer au ſort.

2. C'eſt pourquoi leſdits Paroiſſiens aſſemblez, ont d'un commun conſentement, choiſi pour élire ladite pauvre fille, les trois hommes & trois femmes ci-après nommez, ſçavoir,

Mettre les noms, ſurnoms & qualitez des électeurs & électrices & de leurs maris.

leſquels ils ont promis d'avertir de ſe trouver en ce lieu après les Vêpres de ce jourd'hui.

4. En témoin dequoi nous Curé, Juge, Procureur Fiſcal & Greffier ſuſdits, avons ſigné le preſent procez verbal les jour & an que deſſus avec leſdits Paroiſſiens ci-devant nommez.

Si quelques-uns des Paroiſſiens ne ſçavent pas ſigner, il faudra ajoûter,

Excepté leſd qui ont declaré ne ſçavoir écrire ni ſigner, de ce interpellez.

Mettre ſeulement les ſurnoms de ceux qui ne ſçavent pas ſigner.

Et ſi tous ne ſçavent pas ſigner, après les mots, les jour & an que deſſus, *il faudra ajoûter ceux-ci.*

Et ont tous leſdits Paroiſſiens declaré ne ſçavoir écrire ni ſigner, de ce interpellez.

Suite du procez verbal ci-deſſus.

1. ET LEDIT JOUR du mois de mil ſept cent Dimanche de Pâques Fleuries après les Vêpres chantez en ladite Egliſe de leſd Electeurs & leſdites Electrices ſe ſont preſentez pardevant nous Curé, Juge, Procureur Fiſcal & Greffier ſuſdits, en preſence de pluſieurs Paroiſſiens aſſemblez.

Mettre le jour, le mois & l'année, & le nom de la Paroiſſe.

Mettre les ſurnoms des électeurs & les noms & ſurnoms des électrices.

2. Et après avoir exhorté leſdits Electeurs &

Electrices de proceder sincerement en leur honneur & conscience à l'election d'une pauvre fille de la qualité requise, ils nous ont declaré & affirmé d'une voix unanime en presence de toute l'assemblée, qu'il n'y a dans cette Paroisse aucune fille de la qualité requise pour joüir du benefice de la Fondation.

Ou bien, qu'il y a des filles de la qualité requise, mais qu'elles ne veulent point joüir du benefice de la Fondation.

Il faut 4. Habitans qui sçachent signer, & s'il ne s'en trouve pas tant dans la Paroisse, il en faut prendre dans les lieux voisins.

Ce qui a été certifié par nous Curé & Officiers susdits, & par

à ce presens.

Mettre leurs noms, surnoms, qualitez & demeures.

En temoin dequoi Nous Curé, Juge, Procureur Fiscal & Greffier susdits, avons signé le present procez verbal les jour & an que dessus avec lesdits Certificateurs, Electeurs & Electrices ci-devant nommez.

Si quelques-uns des Electeurs & Electrices ne sçavent signer, il faudra ajoûter,

Mettre les surnoms de ceux qui ne sçavent pas signer.

Excepté lesd

qui ont declaré ne sçavoir écrire ni signer, de ce interpellez.

Si tous les Electeurs & Electrices ne sçavent pas signer, après les mots, les jour & an que dessus avec lesdits Certificateurs, *il faudra mettre*,

Et ont tous lesdits Electeurs & Electrices declaré ne sçavoir écrire ni signer, de ce interpellez.

Si quelques-uns des Electeurs & Electrices ne se trouvoient pas dans l'Eglise à l'issuë des Vêpres, il ne faudra mettre dans le premier article que ceux qui seront presens, & après ce premier article ajoûter celui-ci,

Et dautant que lesd
ne se sont point presentez, lesdits Paroissiens presens au nombre de
qui sont

Mettre les noms & surnoms des électeurs & électrices absens.

Mettre le nombre & les noms, surnoms & qualitez des Paroissiens.

ont choisi en leur lieu & place

Mettre les noms, surnoms & qualitez des électeurs & électrices, & de leurs maris au lieu des absens.

qui se sont trouvez en ladite Eglise.

Et après avoir exhorté, &c.

MARDI D'APRE'S PASQUES.

MARDY D'APRE'S PASQUES.

Pour les Châtellenies où il y a des Paroisses ressortissantes.

Procez verbal qui sera mis ensuite de celui fait le Dimanche de Pâques Fleuries au Chef-lieu.

Mettre le jour, le mois & l'année.

1. ET le jour du mois de audit an mil sept cent Mardy d'après Pâques après la grande Messe celebrée en l'Eglise de

Mettre le nom de la Châtellenie.

les filles ci-après nommées, élûës l'année presente, tant dans cette Châtellenie que dans les Paroisses ressortissantes, se sont presentées pardevant nous Curé, Juge, Procureur Fiscal & Greffier susdits, en presence de plusieurs Paroissiens assemblez au lieu accoûtumé.

2. Et nous ont representé les procez verbaux de leurs élections que nous avons trouvez bons & valables, & nous étans apparu par iceux que lesdites filles sont de la qualité requise par la Fondation, nous les avons fait mettre au même instant en leur rang selon l'ordre des Paroisses porté par ladite Fondation, ainsi qu'il suit.

Mettre les noms des Paroisses, le nombre de fois que les filles ont comparu, les noms & surnoms desdites filles & de leurs peres & meres, les qualitez des peres, & l'âge desdites filles.

3. De cette Paroisse de est comparuë pour la fois fille de & de sa femme, âgée de ans

De la Paroisse de pour la fois fille de & de sa femme, âgée de ans

Sera ainsi continué jusqu'à la derniere Paroisse ressortissante, si ce n'est qu'il y ait du changement comme en ce cas ci.

De pour la fois, fille de & de sa femme, âgée de ans par porteur de son certificat & envoïé par elle,

Mettre les noms de la Paroisse, les noms & surnoms de la fille & de ses peres & meres, la qualité du pere, l'âge de la fille, & le nom & surnom de celui qui se presentera pour elle, & pour combien de fois.

Ou bien, De pour la fois fille de & de sa femme, âgée de ans, qui n'a été admise au sort par ce que son procez verbal s'est trouvé défectueux.

Si la fille est refusée pour quelqu'autre cause, il faudra en faire mention.

Ou bien, de la Paroisse de ne s'est presenté aucune fille à cause que les Habitans n'y ont fait aucune élection faute de charité chrétienne.

Ou bien, à cause que ladite Paroisse a été aliénée depuis années à sans charge.

Mettre le tems de l'alienation, & celui au profit de qui elle a été faite.

Ou bien, à la charge de la Fondation.

Ou bien, à cause qu'il ne s'est trouvé en ladite Paroisse aucune fille de la qualité requise, suivant le procez verbal qui en a été dressé le Dimanche de Pâques Fleuries dernier qui nous a été envoïé.

Ou bien, à cause des courses & logemens des gens de guerre en ladite Paroisse & aux environs.

S'il y a quelqu'autre cause de l'absence de la fille, il la faudra mettre.

4. Cet ordre de filles ainsi fait, & ceux qui les ont assisté s'étant rangez derriere elles pour prendre garde qu'il ne fut commis aucun abus à leur préjudice, M. le Curé a lû l'article 38.

jusques & compris le 53. de la Fondation.

Mettre le nombre de tous les billets.

5. Ensuite le Greffier a fait en presence de toute l'assemblée le nombre de billets afin d'en donner à chaque fille autant qu'elle a été élûë & confirmée de fois dans son élection le Dimanche de Pâques Fleuries.

Il en faut autant que les filles ont été élûës & confirmées de fois dans leurs élections le Dimanche de Pâques-fleuries.

Mettre le nombre des bons Billets.

6. Duquel nombre de billets il y en a eu dans lesquels a été écrit, DIEU VOUS A ELUE, qui est le nombre des aumônes à distribuer en cette Châtellenie par chacun an & en tous les autres a été écrit, DIEU VOUS CONSOLE.

7. Puis aïant été roulez & enfermez avec une bague de fer, comptez soigneusement & mis dans un pot couvert de linge, qui a été secoüé pour les mieux mêler, ledit pot a été presenté à un petit enfant âgé au-dessous de dix ans pour les tirer & distribuer, ce qu'il a fait, & les a donné l'un après l'autre ausdites filles, commençant A ladite rangée la premiere, à laquelle il en a baillé

A ladite rangée la seconde à laquelle il en a baillé

A ladite rangée la troisiéme, à laquelle il en a baillé

Mettre les surnoms des filles seulement, & le nombre des Billets qui leur seront donnez, eu égard au nombre de fois qu'elles auront été élûës & confirmées dans leurs élections le Dimanche de Pâques-fleuries.

Faut ainsi continuer jusqu'à la derniere, quand bien même les bons billets écheroient aux premieres filles.

8. Et par la lecture qui a été faite de tous lesdits billets à mesure qu'ils ont été tirez, il s'est trouvé que ceux ausquels étoit écrit, DIEU VOUS A ELUE, sont arrivez à ladite de la Paroisse de & à ladite de la Paroisse de

Mettre les surnoms des filles & les noms de leurs Paroisses.

9. A chacune desquelles filles a été fait & donné un certificat signé de nous, portant que les bons billets leur sont échûs selon qu'il est ordonné par la Fondation.

10. Ce fait nous avons averti les parens desdites filles de leur trouver parti sortable dans le jour de la Pentecôte prochain, s'il est possible, & enjoint ausdites filles de se representer pardevant nous avec leurs futurs époux le lendemain dudit jour de la Pentecôte à huit heures précises du matin au-devant de cette Eglise, pour être leur contrat de mariage redigé par écrit, s'il ne l'a été, lû & publié suivant la Fondation, & recevoir leurs aumônes si faire se doit.

11. Et au cas qu'elles n'aïent pas encore trouvé parti pour se marier, elles ont été averties de ne laisser de se representer audit jour & heure pardevant nous avec leurs tuteurs ou trois ou quatre de leurs plus proches parens ou amis, pour être les deniers de leurs aumônes consignez ès mains de personnes solvables, qui seront choisis par elles, du consentement de leurs tuteurs, parens ou amis.

12. Ne pourront néanmoins les aumônes être consignées entre les mains des peres, meres, freres & oncles desdites filles, Prêtres, Curez & autres Ecclesiastiques, Gentilshommes & Officiers de Justice, quand même les filles, leurs tuteurs ou parens y consentiroient.

13. Les consignataires donneront bonne & suffisante caution, si besoin est, pour garder lesdits deniers jusqu'à ce que lesdites filles soient mariées, & cependant leur en païeront l'interêt, à raison de l'Ordonnance, s'il est ainsi stipulé.

14. Et ont été aussi lesdites filles averties, si elles ne se peuvent trouver en ce lieu ledit jour lendemain de la Pentecôte, d'y envoïer quelqu'un de leur part avec Procuration speciale pour la consignation des deniers de leurs aumônes, ce qu'elles ont promis de faire.

15. En témoin dequoi, nous Curé, Juge, Procureur Fiscal & Greffier susdits, avons signé le present procez verbal les jour & an que dessus.

Si le nombre des billets portans, Dieu vous a eluë, *est plus grand qu'à l'ordinaire, au lieu de l'art. 6. du susdit procez verbal, on mettra celui-ci.*

Mettre le nombre des bons Billets.

Duquel nombre de billets il y en a eu dans lesquels a été écrit, DIEU VOUS A ELUE; sçavoir,

Mettre le nombre des bons Billets ordinaires.

parce qu'il y a un pareil nombre d'aumônes à distribuer par chacun an en cette Châtellenie, & un autre de surcroît, à cause que

Mettre le nom & surnom de la fille, le nom de sa Paroisse, & l'année qu'elle a obtenu un bon Billet.

fille de la Paroisse de qui a eu un bon billet en l'année est decedée avant que d'être mariée, & n'a laissé aucune sœur de la qualité requise par la Fondation pour lui succeder en son aumône, & en tous les autres, a été écrit, DIEU VOUS CONSOLE.

Mettre comme au troisiéme apostille ci-dessus.

Ou bien, à cause que fille de la Paroisse de qui a eu le sort du bon billet en l'année a été infidelle à l'honneur de son sexe avant son mariage, & en tous les autres, &c.

Mettre comme au troisiéme apostille ci-dessus.

Ou bien, à cause que fille de la Paroisse de qui a eu un bon billet en l'année a declaré n'en vouloir profiter.

Ou bien, à cause que l'année derniere il ne se presenta pas assez de filles pour égaler le nombre des bons billets qui étoient à distribuer, ensorte qu'il en resta un sans être distribué, qui doit accroître au nombre ordinaire de cette année.

S'il y a d'autres causes de l'augmentation des billets, il les faut mettre.

S'il y a autant de bons billets à donner que de filles presentes pour tirer au sort, au lieu des articles 4. 5. 6. 7. 8. & 9. on mettra celui-ci.

Cet ordre de filles ainsi fait, & ne s'étant trouvé que filles presentes, & y aïant autant de bons billets à distribuer, le sort n'a point été tiré comme il est ordinaire, cela étant inutile, mais a été donné à chacune d'elles un bon billet, avec un certificat signé de nous comme elles ont eu le bon Billet, suivant qu'il est ordonné par la Fondation. Mettre le nombre des filles.

S'il y avoit plus de bons billets à distribuer que de filles presentes pour tirer au sort, au lieu desdits articles 4. 5. 6. 7. 8. *&* 9. *on mettra celui-ci.*

Cet ordre de filles ainsi fait, & ne s'étant trouvé que filles presentes, & y aïant bons billets à distribuer, le sort n'a point été tiré, mais a été donné à chacune d'elles un bon billet avec un Certificat signé de nous, comme elles ont eu le bon billet, suivant qu'il est ordonné par la Fondation : & quant aux bons billets restans à donner, seront augmentez l'année prochaine au nombre ordinaire des aumônes dont cette Châtellenie est chargée. Mettre le nombre des filles & des Billets. Mettre le nombre des Billets restans.

MARDY D'APRE'S PASQUES.

Pour les Châtellenies où il n'y a aucune Paroisse ressortissante.

Procez verbal qui sera mis ensuite de celui fait le Dimanche de Pâques Fleuries.

1. ET le jour d mois de audit an mil sept cent Mardy d'après Pâques, après la grande Messe celebrée en l'Eglise de les deux filles ci-devant nommées élûës en cette Châtellenie l'année presente se sont Mettre le jour, le mois & l'année. Mettre le nom de la Châtellenie.

presentées pardevant nous Curé, Juge, Procureur Fiscal & Greffier susdits, en presence de plusieurs paroissiens assemblez & nous ont representé les procez verbaux de leur élection.

Mettre seulement les noms & surnoms des filles, & le nombre de fois qu'elles ont été élûës.

2. Ce fait elles ont été rangées; sçavoir, ladite élûë en la presente année pour la fois, la premiere & ladite éluë pour la premiere fois, la seconde.

3. Cet ordre de filles ainsi fait & ceux qui les ont assisté s'étans rangez derriere elles pour prendre garde qu'il ne fut commis aucun abus à leur préjudice, M. le Curé a lû l'art. 38. jusques & compris le 53. de la Fondation.

Mettre le nombre des Billets, il en faut autant que les filles ont été élûës & confirmées de fois dans leurs élections le Dimanche de Pâques-fleuries.

4. Ensuite le Greffier a fait en presence de toute l'assemblée le nombre de billets afin d'en donner à chaque fille autant qu'elle a été éluë & confirmée de fois dans son élection le Dimanche de Pâques Fleuries, dans l'un desquels billets a été écrit, DIEU VOUS A ELUE, n'y aïant qu'une aumône à distribuer par chacun an dans cette Châtellenie & en tous les autres a été écrit, DIEU VOUS CONSOLE.

5. Puis aïant été roulez & enfermez avec une bague de fer, comptez soigneusement & mis dans un pot couvert de linge qui a été secoüé pour les mieux mêler, ledit pot a été presenté à un petit enfant âgé au-dessous de dix ans pour les tirer & distribuer ce qu'il a fait & les a donné l'un après l'autre ausdites filles, commençant à ladite rangée la premiere à laquelle il en a baillé & à ladite rangée la seconde à laquelle il en a donné un.

Mettre les surnoms des filles seulement, & le nombre des Billets qui seront donnez à la premiere fille.

6. Et par la lecture qui a été faite de tous lesdits billets à mesure qu'ils ont été tirez, il s'est trouvé que celui où étoit écrit, DIEU VOUS A ELUE, est arrivé à ladite

Mettre le surnom de la fille.

à laquelle a été fait & donné un Certificat signé de nous, portant que le bon Billet lui est échû, selon qu'il est ordonné par la Fondation.

7. Ce fait nous avons averti les parens de ladite de lui trouver parti sortable dans le jour de la Pentecôte prochain, & enjoint à ladite fille de se representer pardevant nous avec son futur Epoux le lendemain dudit jour de la Pentecôte à huit heures précises du matin au-devant de cette Eglise, pour être son Contrat de mariage redigé par écrit, s'il ne l'a été, lû & publié suivant la Fondation, & recevoir son aumône si faire se doit.

Mettre le surnom de la fille.

8. Et au cas qu'elle n'ait trouvé parti, elle a été avertie de ne laisser de se presenter audit lieu, jour & heure pardevant nous avec son tuteur, ou trois ou quatre de ses parens ou amis, pour être les deniers de son aumône consignez entre les mains de personnes solvables, qui seront choisis par elle du consentement de son tuteur, parens ou amis.

9. Ne pourra néanmoins ladite aumône être consignée entre les mains des pere, mere, freres & oncles de ladite fille, Prêtres, Curez & autres Ecclesiastiques, Gentilshommes & Officiers de Justice, quand même ladite fille, son tuteur, parens ou amis y consentiroient.

10. Lesquels consignataires donneront bonne & suffisante caution si besoin est, pour garder lesdits deniers, jusqu'à ce que ladite fille soit mariée, & cependant lui en païeront l'interêt à raison de l'Ordonnance, s'il est ainsi stipulé.

11. Et a été aussi ladite fille avertie, au cas qu'elle ne puisse se trouver en ce lieu ledit jour lendemain de la Pentecôte, d'y envoïer quelqu'un de sa part avec procuration speciale pour la consignation de son aumône, ce qu'elle a promis.

12. En témoin dequoi, nous Curé, Juge, Procureur Fiscal & Greffier susdits, avons signé le present procez verbal les jour & an que dessus.

Si les deux filles qui se presenteront sont toutes deux de premiere élection, au lieu des art. 2. 3. 4. & 5. du procez verbal ci-dessus, on mettra ceux-ci.

Mettre seulement les noms & surnoms des filles.

Ce fait elles ont été rangées ; sçavoir, ladite la premiere, & ladite la seconde.

Cet ordre de filles ainsi fait, & ceux qui les ont assisté s'étant rangez derriere elles pour prendre garde qu'il ne fut commis aucun abus à leur préjudice, M. le Curé a lû l'art. 38. jusques & compris le 53. de la Fondation.

Ensuite le Greffier a fait le nombre de deux billets seulement, afin d'en donner un à chaque fille, toutes deux étans de premiere élection, & dans l'un desquels a été écrit DIEU VOUS A ELUE, n'y aïant qu'une aumône à distribuer en cette Châtellenie par chacun an, & en l'autre a été écrit, DIEU VOUS CONSOLE.

Mettre seulement les surnoms des filles.

Puis aïant été roulez & enfermez avec une bague de fer & jettez en un pot couvert de linge, qui a été secoüé pour les mieux mêler, ledit pot a été presenté à un petit enfant âgé au-dessous de dix ans pour les tirer & distribuer, ce qu'il a fait l'un aprés l'autre, commençant à ladite rangée la premiere, à laquelle il en a baillé un, & à ladite un autre.

Et par la lecture, &c.

S'il ne se presente qu'une fille pour tirer au sort, au lieu des 6. premiers art. du susdit procez verbal, sera mis celui-ci.

Mettre l'année, le jour & le mois, & le nom de la Châtellenie.

ET le jour du mois de audit an mil sept cent Mardy d'après Pâques, à l'issuë de la grande Messe celebrée en l'Eglise de

Mettre les nom & surnom de la fille.

ladite fille, ci-devant nommée, eluë l'année presente en cette Châtellenie, s'est presentée pardevant nous Curé, Juge, Procureur Fiscal & Greffier susdits, en presence de plusieurs Paroissiens assemblez au lieu accoûtumé, & nous a representé le procez verbal de son élection, & comme ladite qui a été eluë en la presente année conjointement avec ladite ne s'est presentée, ni personne pour elle, le sort n'a point été tiré, cela étant inutile, mais le bon billet portant, DIEU VOUS A ELUE, a été donné à ladite avec un Certificat signé de nous, contenant que ledit bon billet lui a été donné suivant qu'il est porté par la Fondation.

Mettre les noms & surnoms des filles.

Mettre le nom & surnom de la fille.

Cela fait nous avons averti, &c.

S'il y a deux bons billets à distribuer, après les deux premiers art. dudit procez verbal, page 27. on ajoûtera celui-ci,

Et attendu qu'il y a deux bons billets à distribuer cette année, l'un ordinaire, l'autre de surcroît, à cause que fille qui l'a obtenu en l'année est décedée avant que d'être mariée sans laisser de sœur de la qualité requise par la Fondation pour lui succeder en son aumône,

Mettre le nom & surnom de la fille, & l'année qu'elle a obtenu le bon Billet.

Ou bien, à cause que fille qui l'a obtenu en l'année a été infidelle à l'honneur de son sexe avant son mariage.

Mettre comme au troisiéme apostille ci-dessus.

S'il y a d'autres causes de l'augmentation des billets, il les faut mettre.

Le sort n'a point été tiré, cela étant inutile, mais a été donné à chacune desdites deux filles un bon billet portant, DIEU VOUS A ELUE, avec un Certificat signé de nous comme elles ont eu le bon billet, suivant qu'il est ordonné par la Fondation.

Après on ajoûtera les art. 10. 11. 12. 13. 14. *&* 15. *du precedent procez verbal, page* 25.

Si y aïant deux bons billets à distribuer, il ne se presentoit qu'une fille, au lieu des 6. *premiers articles du susdit procez verbal, page* 27. *sera mis ceux-ci,*

Mettre le jour, le mois & l'année.

Et le jour du mois d audit an mil sept cent Mardi d'après Pâques, après la grande Messe celebrée en l'Eglise de ladite

Mettre le nom de la Châtellenie & le nom & surnom de la fille.

fille, ci-devant nommée, élûë en cette Châtellenie en la presente année, s'est presentée pardevant nous Curé, Juge, Procureur Fiscal & Greffier susdits, en presence de plusieurs Paroissiens assemblez au lieu accoûtumé, & nous a representé le procez verbal de son élection.

Mettre les noms & surnoms des filles.

Et dautant que ladite fille qui a esté élûë conjointement avec ladite ledit jour Dimanche de Pâques fleuries dernier, ne s'est point presentée, ni personne pour elle, & qu'il y a deux bons billets à distribuer en la presente année, l'un ordinaire, l'autre de surcroît, à cause que fille qui l'a obtenu l'année est decedée avant que d'être mariée, & sans laisser de sœur en état de succeder à son aumône.

Mettre le nom & surnom de la fille, & l'année qu'elle a obtenu le bon billet.

S'il y a d'autres causes de l'augmentation des billets, il faut les mettre suivant la précedente observation, page 31.

Le sort n'a point été tiré, cela étant inutile, mais a été donné à ladite l'un des deux bons billets portant, Dieu vous a elue, avec un Certificat signé de nous, comme le bon billet lui est échû, suivant qu'il est ordonné par la Fondation.

Mettre le nom & surnom de la fille.

Et quant à l'autre bon billet, il sera mis l'année

née prochaine avec le bon billet ordinaire, pour augmenter le nombre des aumônes.

Cela fait, nous avons averti ladite, &c.

Certificat pour les filles qui ont obtenu le bon billet.

L'An mil sept cens le jour du mois de Mardi d'après Pâques, le billet portant, DIEU VOUS A ELUE, est échû à fille de & de sa femme, de la Paroisse de c'est pourquoi ses tuteur & parens seront soigneux de lui trouver parti pour se marier dans le Dimanche de la Pentecôte prochaine, s'il est possible, & aussi-tôt qu'elle aura trouvé parti, elle se presentera avec son futur époux & quelques parens pardevant nous, pour être leur Contrat de mariage redigé par écrit. Et si ledit mariage a esté solemnisé dans ledit jour de la Pentecôte, elle se trouvera avec son mari en l'Eglise de ce lieu pardevant nous le Lundi lendemain de ladite Fête de la Pentecôte, avant les huit heures du matin, pour recevoir l'aumône de cinquante livres; & où ne lui auroit été trouvé parti convenable dans ladite Fête, elle amenera au même jour Lundi à l'heure & lieu susdit, son tuteur, ou trois ou quatre de ses parens ou amis, pour faire consigner ladite somme entre les mains d'une personne solvable, autres toutefois que ses pere & mere, freres & oncles, Prêtres, Curez & autres Ecclesiastiques, Gentilshommes & Officiers de Justice; lequel consignataire donnera caution, si besoin est, soit pour lui en païer la rente, soit pour la garder seulement en dépôt; & en cas qu'elle ne puisse se trouver audit jour, lieu & heure, elle y fera trouver quelqu'un de sa part avec le present Certificat & une Procuration speciale, pour rece-

Mettre l'année, le jour & le mois.

Mettre les noms & surnoms de la fille & de ses pere & mere, la qualité du pere, & le nom de la Paroisse.

voir les deniers de ſon aumône, ou pour la faire conſigner. Fait par Nous Curé, Juge Procureur Fiſcal, & Greffier de la Châtellenie de qui avons ſigné les jour & an ſuſdits.

Mettre les noms & ſurnoms du Curé & des trois Officiers, & le nom de la Châtellenie.

LENDEMAIN DE LA PENTECOSTE.

Pour les Châtellenies où il y a plusieurs bons billets donnez.

Procez verbal qui sera mis ensuite de celui du Mardi d'après Pâques.

1. ET le jour du mois de audit an mil sept cent lendemain de la Pentecôte se sont presentées pardevant nous Curé, Juge, Procureur Fiscal & Greffier susdits, les filles qui ont obtenu les bons billets en cette Châtellenie le Mardy d'après Pâques dernier.

Mettre le jour, le mois & l'année.

2. Sçavoir, fille de la Paroisse de assistée de ses pere & mere,
Ou bien de ses parens & amis,
Ou bien de son tuteur.
ET fille de la Paroisse de assistée de
Ou bien, representée par fondé de sa procuration speciale à cet effet passée devant Notaire à le dont l'original est demeuré joint au present procez verbal pour être transcrit en fin des expeditions qui en seront delivrées, ledit assisté de parens & amis de ladite fille,
Ou bien de son tuteur.

Mettre les noms & surnoms des filles, les noms de leurs Paroisses, & les noms surnoms & qualitez de leurs peres & meres ou de leurs Tuteurs ou parens & amis & les degrez de parenté.

Mettre le nom, surnom & qualité de celui qui aura pouvoir de la fille, la date de la Procuration & le nom du Notaire qui l'aura passée.

Mettre le nom, surnom & qualité du Tuteur de la fille ou de ses parens & amis & le degré de parenté.

Et ainsi des autres filles, s'il y en a.

3. Qui ont dit n'avoir pû sitôt leur trouver parti convenable & ont requis qu'il soit ordonné aux Fermiers qui doivent païer leurs aumônes de 50. liv. à chacune, d'en mettre les deniers ; sçavoir, pour ladite entre les mains de & pour ladite entre le mains de

Mettre les surnoms des filles, & les noms, surnoms, qualitez & demeures de ceux qui seront choisis pour dépositaires des aumônes.

4. Est aussi comparu Fermier de demeurant qui a offert à découvert les deniers des aumônes desdites filles & suivant leur requisitoire les a mis & consignez entre les mains desdits à ce presens qui reconnoissent chacun à leur égard les avoir reçûs de lui, dont ils sont contens & en quittent ledit Fermier

Mettre le nom surnom & demeure du fermier, & le nom de la Terre dont il est fermier.

Mettre les surnoms des dépositaires.

5. Envers lesquelles filles lesdits se sont par ces presentes obligez par corps, chacun à l'égard de celle dont il a reçû l'aumône, de la leur païer trois jours après la solemnisation de leur mariage, sans interêts jusqu'à ce tems, à peine de dix sols par chacun jour de retard pour chaque aumône pendant la premiere année, à compter du jour de l'expiration dudit terme & de vingt sols par chacun mois pendant les années subsequentes, applicables au profit de l'Hôtel-Dieu de Paris, à quoi ils seront contraints par les mêmes voïes & nous les y avons condamnez de leur consentement, le tout suivant la Fondation & les Arrêts de reglemens rendus en consequence.

Mettre seulement les surnoms des dépositaires.

6. Neantmoins leur avons fait défenses de se dessaisir desdites aumônes qu'en la presence de nous Juge, Procureur Fiscal & Greffier susdits, à peine de païer le double, & pour cet effet avons averti lesdites filles, quand elles auront trou-

vé parti pour ſe marier, de ſe preſenter devant nous en ce lieu avec leurs futurs Epoux, pour être leurs contrats de mariage redigez par écrit en notre preſence. Et lorſqu'elles ſeront mariées de revenir audit lieu un jour de Fête avec leurs maris, pour leur être leſdites aumônes païées par leſdits dépoſitaires & la quittance redigée dans la forme preſcrite par la Fondation.

7. Et au cas que leſdites filles ne puiſſent trouver parti pour ſe marier dans trois ans à compter de ce jour, avons ordonné auſdits dépoſitaires de remettre les deniers deſdites aumônes auſſitôt leſdites trois années expirées, entre les mains du Receveur general de l'Hôtel-Dieu de Paris, pour les garder par forme de dépôt & ſans interêts juſqu'à ce que leſdites filles ſoient mariées, à quoi ils ſeront pareillement contraints par corps, ce faiſant déchargez.

8. Et ont leſdits depoſitaires élû leurs domiciles en leurs demeures ſuſdeclarées.

9. En témoin dequoi, nous Curé, Juge, Procureur Fiſcal & Greffier ſuſdits, avons ſigné le preſent procez verbal les jour & an que deſſus avec leſdites filles, leurs aſſiſtans, fermiers & dépoſitaires.

10. Et a été delivré à chacune deſdites filles, pour leur ſûreté, une expedition ſignée de nous du preſent procez verbal.

Si quelques-uns ne ſçavent pas ſigner, après l'art. 9. il faudra ajoûter ces mots.

Excepté leſdits

qui ont declaré ne ſçavoir écrire ni ſigner, de ce interpellez.

Et ſi tous ne ſçavent pas ſigner, après les mots, les jour & an que deſſus, *il faudra mettre ceux-ci.*

Et ont lesdites filles, leurs assistans, fermiers & dépositaires declaré ne sçavoir écrire ni signer, de ce interpellez.

S'il y a plusieurs Fermiers, au lieu de l'art. 4. on mettra celui-ci.

Mettre les noms, surnoms & demeures des fermiers, & les noms des Terres dont ils sont fermiers.

Sont aussi comparus Fermier de demeurant & Fermier de demeurant lesquels ont offert à découvert les deniers des aumônes desdites filles & suivant leur requisitoire les ont mis & consignez entre les mains desd à ce presens qui reconnoissent chacun à leur égard les avoir reçûs desdits Fermiers, dont ils sont contens & les en quittent.

Mettre les surnoms des dépositaires.

Envers lesquelles filles, &c.

S'il y a des cautions, après l'art. 5. il faudra ajoûter celui-ci.

Mettre les noms, surnoms, qualitez & demeures des cautions.

A ce faire sont intervenus

Mettre seulement les noms & surnoms des cautions & dépositaires.

Lesquels se sont volontairement rendus cautions desdits dépositaires; sçavoir, ledit pour led & led pour led & se sont obligez chacun à son égard & solidairement avec celui dont il est caution au païement desdites aumônes dans le tems & sous la peine ci-dessus, à quoi ils consentent être contraints par corps, dont ils font leurs propres dettes comme principaux dépositaires.

Neantmoins avons fait défenses ausdits dépositaires & cautions de se dessaisir, &c.

Et au lieu de l'art. 8. mettre celui-ci.

Et ont lesdits dépositaires & cautions élûs leurs domiciles en leurs demeures ci-devant declarées

S'il y a eu quelque fille qui ait manqué de se presenter ou autre pour elle, on ajoûtera au procez verbal après l'art. 7.

A l'égard de fille de la Paroisse de elle ne s'est point presentée ni autre pour elle, & led Fermier nous a demandé acte de la representation des deniers de son aumône, ce que nous lui avons accordé, & avons ordonné que ladite fille se representera pardevant nous en ce lieu le jour de prochain heures du matin, pour être ordonné de son aumône suivant la Fondation, dont elle sera avertie par le Procureur Fiscal, auquel jour, lieu & heure, nous avons enjoint audit Fermier de se trouver avec les deniers de ladite aumône, à peine de dix sols par chacun jour de retard pendant la premiere année à compter dudit jour & de vingt sols par chaque mois pendant les années suivantes jusqu'à ce que ladite aumône se trouve valablement païée ou consignée, ladite peine applicable au profit des pauvres de l'Hôtel-Dieu de Paris, à quoi il sera contraint par corps, conformément à la Fondation & les Arrêts de reglemens rendus en consequence.

Mettre le nom & surnom de la fille & de sa Paroisse & le surnom du fermier.

En témoin dequoi, &c.

Si toutes les filles ont manqué de se presenter & que le Fermier ait comparu, le procez verbal sera dressé comme il suit.

ET le jour de audit an mil sept cent lendemain de la Pentecôte pardevant nous Curé, Juge, Procureur Fiscal & Greffier susdits, les filles qui ont obtenu les bons billets en cette Châtellenie le Mardy d'après Pâques dernier ne se sont point dresentées ni personnes pour elles, quoiqu'elles en aïent été suffisamment averties.

Mettre le jour, le mois & l'année.

Mettre le nom & surnom du fermier, sa demeure, & le nom de la Terre dont il est fermier.

Mais est comparu Fermier de qui nous a demandé acte de la representation qu'il a faite des deniers de leurs aumônes, ce que nous lui avons accordé, & avons ordonné que lesdites filles se presenteront devant nous en ce lieu le jour de prochain heures du matin, ou autres personnes, pour être ordonné de leurs aumônes, suivant la Fondation, dont elles seront averties par ledit Procureur Fiscal, auquel jour, lieu & heure nous avons enjoint audit fermier de se trouver avec les deniers desdites aumônes, à peine de dix sols par chacun jour de retard pour chaque aumône pendant la premiere année, à compter dudit jour & de vingt sols par chaque mois pendant les années suivantes, jusqu'à ce que lesdites aumônes se trouvent valablement païées ou consignées, ladite peine applicable au profit des pauvres de l'Hôtel-Dieu de Paris, le tout conformément à la Fondation, & aux Arrêts de reglemens rendus en consequence.

Mettre le jour, le mois & l'heure.

En témoin dequoi, &c.

Si le fermier ne comparoît point le lendemain de la Pentecôte, & que lesdites filles ou aucunes d'elles aïent comparu, au lieu des art. 4. 5. 6. 7. *&* 8. *du procez verbal ci-dessus, page* 36. *on mettra celui-ci.*

Mettre le nom, surnom, qualité & demeure du fermier, & le nom de la Terre dont il est fermier.

Quant à Fermier de qui est chargé du païement desdites aumônes il n'est point comparu, ni personne pour lui, c'est pourquoi nous Juge susdit, avons ordonné que ledit Procureur Fiscal aura commission pour faire assigner ledit Fermier, pour voir declarer contre lui encouruë la peine de dix sols par jour pendant la premiere année, à compter de ce jourd'hui, & de vingt sols par chacun mois pendant les années suivantes, le tout pour chaque aumône, ladite

ladite peine applicable au profit des pauvres de l'Hôtel Dieu de Paris, jusqu'au jour que lesdites aumônes seront païées, au païement de laquelle peine il sera contraint par corps & par les voïes qu'il y est obligé par son bail, & quant ausdites aumônes il sera aussi contraint par les mêmes voïes de les remettre entre les mains du Receveur de l'Hôtel-Dieu de Paris, pour être renduës ausdites filles lorsqu'elles auront trouvé parti pour se marier, le tout nonobstant toutes saisies, oppositions & appellations quelconques, pour lesquelles ne sera differé, suivant la Fondation & les Arrêts de reglemens rendus en consequence.

En témoin dequoi, &c.

Si le Fermier ni les filles ne comparoissent point, on dressera le procez verbal ainsi

ET le jour du mois de audit an lendemain de la Pentecôte, pardevant nous, Curé, Juge, Procureur Fiscal & Greffier susdits, les filles qui ont obtenu les bons billets le Mardi d'après Pâques dernier ne sont point comparuës non plus que Fermier de qui est obligé par son bail au païement de leurs aumônes.

Mettre le jour, le mois & l'année.

Mettre le nom, surnom & demeure du fermier, & le nom de la Terre dont il est fermier.

C'est pourquoi à l'égard des filles, nous avons ordonné qu'elles se representeront, ou autres personnes pour elles, pardevant nous le jour de prochain heures du matin en ce lieu, pour être ordonné de leurs aumônes suivant la Fondation, dont elles seront averties par ledit Procureur Fiscal qui avertira aussi ledit Fermier de se trouver audit lieu, jour & heure avec les deniers desdites aumônes.

Mettre le jour, le mois & l'heure.

Et aura ledit Procureur Fiscal commission pour faire assigner ledit Fermier & voir declarer contre lui encouruë la peine de dix sols par chacun jour pendant la premiere année, à compter de ce jourd'hui, & de vingt sols par chacun mois pendant les années suivantes, applicables au profit des pauvres de l'Hôtel-Dieu de Paris, jusqu'au jour qu'il païera actuellement lesdites aumônes, au païement de laquelle peine il sera contraint par corps & par les voïes qu'il y est obligé par son bail, & à l'égard du païement desdites aumônes, il y sera contraint par les mêmes voïes, le tout nonobstant toutes saisies, oppositions & appellations quelconques, pour lesquelles ne sera differé.

En temoin dequoi, &c.

Si l'une des filles consent que son aumône demeure entre les mains du Fermier, après l'art. 4. du procez verbal ci-devant, page 36. sera inseré l'art. qui suit.

Mettre le surnom de la fille.

Et à l'égard de ladite elle a consenti, par l'avis de sesdits parens & amis, que son aumône soit laissée ès mains dudit Fermier par forme de dépôt & sans interêts.

Envers lesquelles filles, &c.

Si les Fermiers ou dépositaires sont obligez de païer les interêts des aumônes aux filles, l'art. 5. du procez verbal ci-devant, page 36. sera mis comme il suit.

Le terme de païer ne doit être au plus que de six mois.

Envers lesquelles filles lesdits dépositaires se sont par ces presentes obligez par corps, chacun à l'égard de celle dont il a les deniers de l'aumône, de la leur païer dans après leurs épousailles, avec les interêts de quartier en quartier à raison de l'Ordonnance, à compter de ce jour, & faute de païement desdites aumônes dans le tems ci-dessus, ils consentent, chacun à leur égard, de païer la peine de dix sols par chacun jour de retard pendant la premiere année pour chaque aumône & de vingt sols par mois pendant les années suivantes, applicables au profit des pauvres de l'Hôtel-Dieu de Paris, à quoi ils feront contraints par les mêmes voïes, & nous les y avons condamnez, en païant laquelle peine les interêts cesseront, le tout conformément à la Fondation & les Arrêts de reglemens rendus en consequence.

Neanmoins leur avons fait défenses, &c.

Si quelque-une des filles a été mariée, après l'art. 7. dudit procez verbal, page 37. sera ajoûté celui qui suit.

A l'égard de fille de la Paroisse de qui a aussi obtenu un bon billet en cette Châtellenie le Mardi d'après Pâques dernier, elle a été mariée à & le contrat de mariage qui en a été passé, a été lû à la porte de l'Eglise de ce Chef-lieu, & l'aumône païée & mise en leurs mains au desir de la Fondation, ainsi qu'il paroît par ledit contrat & la quittance étant ensuite.

Mettre le nom & surnom de la fille & le nom de sa Paroisse.

Le nom du mari de la fille & sa qualité.

Et ont lesdits dépositaires, &c.

LE LENDEMAIN DE LA PENTECOSTE.

Pour les Châtellenies où il n'y a eu qu'un bon Billet donné.

Procez verbal qui sera mis ensuite de celui du Mardi d'après Pâques.

1. ET le jour du mois de audit an mil sept cent lendemain de la Pentecôte pardevant nous, Curé, Juge, Procureur Fiscal & Greffier susdits, est comparuë ladite qui a eu le bon billet le Mardi d'après Pâques dernier en ce Chef-lieu, assistée de

Mettre le jour, le mois & l'année.

Le nom & surnom de la fille.

ses pere & mere ,

Ou bien, de ses parens & amis ,

Ou bien , de son tuteur.

Ou bien , representée par fondé de sa procuration speciale à cet effet, passée devant Notaire à le dont l'original est demeuré joint au present procez verbal pour être transcrit en fin des expeditions qui en seront delivrées, led assisté de parens & amis de ladite fille ,

Ou bien, de son tuteur.

2. Qui ont dit n'avoir pû si-tôt lui trouver parti convenable, & ont requis que son aumône soit consignée ès mains de

3. Est aussi comparu Fermier de demeurant qui a offert à decouvert la somme de cinquante livres pour ladite aumône , & suivant le requisitoire de ladite fille , a consigné & mis ladite somme entre les mains dudit à ce present qui reconnoît l'avoir reçûë de lui, dont il est content & en quitte ledit Fermier.

4. Envers laquelle fille ledit dépositaire s'est par ces presentes obligé par corps de lui païer ladite aumône trois jours après la solemnisation de son mariage, sans interêts

Ou bien , dans avec les interêts de quartier en quartier, à raison de l'Ordonnance, à peine de dix sols par chaque jour de retard pendant la premiere année, & de vingt sols par chacun mois pendant les années suivantes, applicables au profit des pauvres de l'Hôtel-Dieu de Paris, à quoi il sera contraint par les mêmes voïes, & nous l'y avons condamné de son consentement, le tout

Mettre les noms, surnoms & qualitez des pere & mere, ou du Tuteur de la fille, ou de ses parens & amis, & les degrez de parenté.

Mettre le nom, surnom & qualité de celui qui representera la fille, la date de la Procuration & le nom du Notaire.

Mettre les noms, surnoms, qualitez & degrez de parenté de ceux qui assisteront le Procureur de la fille.

Mettre les noms, surnoms, qualitez & demeures des dépositaire & fermier, & le nom de la Terre.

Mettre seulement le surnom du dépositaire.

Mettre le surnom du dépositaire.

Le terme de païer ne doit être au plus que de six mois.

ſuivant la Fondation & les Arrêts de reglement rendus en conſequence.

5. Neanmoins lui avons fait défenſes de ſe deſſaiſir de ladite aumône qu'en la preſence de nous Juge, Procureur Fiſcal & Greffier, à peine de païer le double, & pour cet effet avons averti ladite fille, que quand elle aura trouvé parti pour ſe marier, elle ſe preſente en ce lieu devant nous avec ſon futur époux, pour être leur Contrat de mariage redigé par écrit en nôtre preſence, & que lorſqu'elle ſera mariée elle vienne auſſi audit lieu un jour de fête avec ſon mari, pour lui être ſon aumône païée par ledit dépoſitaire, & la quittance redigée dans la forme preſcrite par la Fondation.

6. Et au cas que ladite fille ne puiſſe trouver parti pour ſe marier dans trois ans, à compter de ce jour, avons ordonné audit dépoſitaire de remettre les deniers de ladite aumône incontinent après leſdites trois années expirées, entre les mains du Receveur general de l'Hôtel-Dieu de Paris, pour les garder par forme de dépôt, ſans interêts, juſqu'à ce que ladite fille ſoit mariée, à quoi il ſera pareillement contraint par corps; ce faiſant déchargé.

7. Et a led dépoſitaire élû ſon domicile en ſa demeure ci-devant declarée.

Mettre le ſurnom du dépoſitaire.

8. En témoin de quoi nous Curé, Juge, Procureur Fiſcal & Greffier ſuſdits, avons ſigné le preſent procez verbal les jour & an que deſſus avec leſdites filles, leurs aſſiſtans, Fermier & dépoſitaire.

9. Et a été delivré à ladite fille pour ſa ſureté une expedition ſignée de nous du preſent procez verbal.

Si quelques-uns ne ſçavent pas ſigner, il faudra ajoûter à l'art. 8. les mots qui ſuivent.

Mettre les surnoms de ceux qui ne sçavent pas signer.

Excepté lesd qui ont declaré ne sçavoir écrire ni signer, de ce interpellez.

Et si tous ne sçavent pas signer, après les mots, les jour & an que dessus, *il faudra mettre ceux-ci.*

Et ont ladite fille, ceux qui l'ont assisté & lesdits fermiers & dépositaire, declaré ne sçavoir écrire ni signer, de ce interpellez.

Si le Fermier est nommé pour dépositaire sera écrit l'art. qui suit au lieu des art. 2. & 3. ci-dessus, page 44.

Mettre le nom, surnom & demeure du fermier, & le nom de la Terre dont il est fermier.

Qui ont dit n'avoir pû lui trouver si-tôt parti, & ont requis que son aumône de cinquante livres soit mise entre les mains de Fermier de demeurant à qui est chargé de la lui païer par son bail, ce que ledit Fermier pour ce present a accepté, après avoir representé les deniers de ladite aumône qu'il a à l'instant retirez.

Envers laquelle fille, &c.

S'il y a une caution, après l'art. 4. page 44. il faudra ajoûter celui-ci,

Mettre le nom, surnom, qualité & demeure de la caution, & le surnom du dépositaire.

A ce faire est intervenu lequel s'est volontairement rendu caution dudit dépositaire, & s'est obligé solidairement avec lui au païement de ladite aumône dans le tems & sous la peine ci-dessus, à quoi il consent être contraint par corps, dont il fait sa propre dette comme principal dépositaire.

Néanmoins avons fait défenses ausdits dépositaire & caution de se dessaisir, &c.

Et au lieu de l'art. 7. mettre celui-ci.

Et ont lesdits dépositaire & caution élû leurs domiciles en leurs demeures ci-devant declarées.

Si la fille a été mariée, le procez verbal sera dressé en cette forme.

ET le jour du mois de audit an mil sept cens lendemain de la Pentecôte, pardevant nous Curé, Juge, Procureur Fiscal & Greffier susdits, ladite qui a obtenu le bon Billet en cette Châtellenie le Mardi d'après Pâques dernier, s'est presentée avec à present son mari, & a été le Contrat de leur mariage lû & publié à la porte de l'Eglise de ce Chef-lieu, & la somme de cinquante livres à eux païée, comme il paroît par la quittance étant au pied dudit Contrat de mariage.

Mettre le jour, le mois & l'année.

Le nom & surnom de la fille, & le nom, surnom & qualité de son mari.

En témoin dequoi, &c.

Si la fille ou le Fermier, ou tous les deux ne comparoissent pas, il faudra dresser le procez verbal sur ce qui a été remarqué ci-devant, pages 39. 40. *&* 41.

Quant à ce qui sera fait à jours extraordinaires pour la délivrance ou consignation de l'aumône, ou pour la poursuite contre le Fermier pour le païement de l'aumône ou de l'amende, le procez verbal en sera dressé conforme aux choses qui se seront passées.

S'il arrive en l'execution de la Fondation quelque incident qu'on n'aît pas ici prévû, il sera inseré dans le procez verbal le plus nettement & intelligiblement que faire se pourra.

PROCEZ VERBAL

Pour une fille qui demande l'aumône de sa sœur decedée.

Mettre l'année, le jour & le mois.

L'AN mil sept cens le jour du mois de après la grande Messe celebrée en l'Eglise de

Mettre le nom de la Châtellenie, & les noms & surnoms du Curé & des trois Officiers.

s'est presentée en ladite Eglise devant nous Curé Juge Procureur Fiscal & Greffier dudit lieu, en presence de plusieurs Paroissiens assemblez fille de & de sa femme, de la Paroisse de qui nous a requis que l'aumône dûë à sa sœur défunte, par le sort du bon Billet qui lui est échû le Mardi d'après Pâques de l'année lui soit donnée suivant la Fondation de défunts Monseigneur le Duc & Madame la Duchesse de Nivernois & de Rethelois, surquoi après qu'il nous est apparu du décez de ladite par le Certificat, &c. & que lesdits Paroissiens au nombre de qui sont ont dit connoître ladite & tiennent qu'elle est fille de bien, Catholique, non mariée, & sœur de ladite défunte, plus prête à marier & partant capable de joüir de ladite aumône, nous avons ordonné que ladite aumône lui appartiendra & lui sera delivrée après qu'elle aura été mariée, à quoi dépositaire de ladite aumône demeurant à sera contraint par les voïes & ainsi qu'il

Mettre les noms & surnoms de la fille & de ses pere & mere, la qualité du pere, & le nom de la Paroisse.

Mettre le nom & surnom de la sœur decedée & l'année.

Le nom de la fille decedée, & la datte du certificat mortuaire, & le nom du Curé ou Vicaire qui l'aura delivré.

Mettre le nombre des Paroissiens, leurs noms, surnoms & qualitez.

Mettre le nom & surnom de la fille qui demande l'aumône.

Mettre le nom, surnom, qualité, & demeure du dépositaire.

qu'il y eſt obligé, & pour cet effet a été delivré à ladite fille une expedition du preſent procez verbal qui ſera ſignifiée audit dépoſitaire.

En témoin dequoi nous Curé, Juge, Procureur Fiſcal, & Greffier ſuſdits, avons ſigné le preſent procez verbal les jour & an que deſſus avec ladite fille & leſdits Paroiſſiens ci-devant nommez.

Si quelques-uns ne ſçavent pas ſigner, il faudra ajoûter,

Excepté leſd   qui ont declaré ne ſçavoir écrire ni ſigner, de ce interpellez.

Mettre les ſurnoms de ceux qui ne ſçavent pas ſigner.

Et ſi tous ne ſçavent pas ſigner, après les mots, les jour & an que deſſus, *il faudra mettre*,

Et ont leſdits Paroiſſiens & ladite fille declaré ne ſçavoir écrire ni ſigner, de ce interpellez.

PROCEZ VERBAL

OU CONTRAT DE MARIAGE à l'effet de cette Fondation.

Mettre l'année, le jour & le mois, les noms & furnoms des Officiers & des futurs époux, & de leurs peres & meres, la demeure du futur époux, le nom de la Paroiffe de la fille, & l'année dans laquelle elle a obtenu un bon Billet.

L'An mil fept cens le jour du mois de pardevant nous Juge & Procureur Fifcal de la Châtellenie de affiftez de nôtre Greffier, font comparus demeurant à fils de & de fa femme, d'une part.

Et fille de & de fa femme, de la Paroiffe de qui obtint le fort du bon billet en l'année du benefice de la Fondation de défunts Monfeigneur le Duc & Madame la Ducheffe de Nivernois & de Rethelois, d'autre part.

Mettre les furnoms des futurs époux, les noms, furnoms & qualitez de leurs parens & amis, & les degrez de parenté.

Lefquels en la prefence & du confentement de leurs parens & amis fous nommez, fçavoir, de la part dudit de & de la part de ladite de

Ont promis fe prendre l'un l'autre par Sacrement de mariage en face de nôtre Mere fainte Eglife le plûtôt que faire fe pourra, & de ne faire aucune diffolution ni dépenfe au feftin de leurs nôces qui retournent à leur charge, autres que de leurs deux bouches, à peine de privation de l'aumône dont fera ci-après parlé

Mettre le furnom de la fille.

Surquoi nous avons averti les futurs époux de fe reprefenter devant nous quand ils feront mariez, pour leur être la fomme de cinquante livres deftinée pour la dot de ladite délivrée par qui est obligé de la fournir, & avons exhorté ladite fille de faire les prieres ordonnées par la Fondation. Et pour lui en faire souvenir, lui avons mis en main une bague d'argent valant cinq sols, qui servira aussi à son mariage. En foi dequoi nous Juge, Procureur Fiscal & Greffier susdits, avons signé le present Acte les jour & an que dessus avec lesdits futurs époux, leurs parens & amis.

Mettre le nom & surnom du fermier ou dépositaire.

Si quelques-uns ne sçavent pas signer, il faudra ajoûter,

Excepté lesdits qui ont declaré ne sçavoir écrire ni signer, de ce interpellez.

Mettre les surnoms de ceux qui ne sçavent pas signer.

Et si tous ne sçavent pas signer, il faudra mettre,

Et ont lesdits futurs époux, parens & amis declaré ne sçavoir écrire ni signer, de ce interpellez.

QUITTANCE DE L'AUMÔNE.

Pour le dépositaire, qui doit être écrite au bas dudit Contrat.

ET LE jour du mois de audit an mil sept cens se sont representez pardevant nous Officiers susdits, ledit & ladite à present sa femme de lui autorisée, & suivant leur requisition, & après qu'il nous est apparu de la celebration de leur mariage par le certificat du Sieur Curé de la Paroisse de en datte du qui est demeuré joint à ces presentes, nous leur avons presentement fait païer & delivrer comptant par ainsi qu'ils le reconnoissent, ladite somme de cinquante livres en

Mettre le jour, le mois & l'annee.

Mettre les noms & surnoms du mari & de la femme.

Mettre le nom du Curé & celui de la Paroisse, avec la datte du certificat.

Mettre le nom & surnom du dépositaire.

loüis d'argent & monnoïe aïant cours, à la déduction de cinq sols pour la bague d'argent & d'autres cinq sols pour l'expedition, tant du Contrat de mariage ci-dessus, que du present acquit & pour deux copies d'icelui. De laquelle somme ledit & sa femme sont contens & en ont quitté ledit dépositaire, auquel ils ont délivré l'expedition du procez verbal, par lequel il s'étoit obligé au païement de ladite somme, sur laquelle expedition & sa minute, ils consentent qu'il soit fait mention du present païement; declarant qu'ils déchargent aussi, en tant que besoin seroit Fermier de de ladite somme, ensuite a été fait lecture du present acquit & dudit Contrat de mariage devant la porte de l'Eglise de cette Paroisse en la presence de Curé d'icelle, *ou de son Vicaire*, & de plusieurs autres, & là ledit & sa femme ont declaré devant l'assemblée avoir été bien païez de leur aumône & promis en reconnoissance d'icelle, de prier Dieu pour Messeigneurs les Fondateurs & leurs successeurs. En foi de quoi nous avons dressé le present Acte, enjoint au Greffier de le transcrire au Registre à ce destiné, ce fait en bailler deux copies, l'une au Procureur Fiscal, l'autre audit dépositaire, & avons signé ledit present Acte avec ledit Sieur Curé *ou Vicaire*, & ledit & sa femme

Mettre le surnom du mari.

Le nom du fermier, & la Terre dont il est fermier.

Mettre le nom & surnom du Curé ou de son Vicaire, & le surnom du mari.

Mettre le surnom du mari.

Si le mari ou la femme ou tous les deux ne sçavent pas signer, il faudra en faire mention.

QUITTANCE DE L'AUMÔNE

Pour le Fermier, qui doit être écrite au bas du Contrat de mariage de la fille, à qui il l'a lui-même païée.

ET LE jour de audit an mil sept cens se sont representez devant nous Officiers susdits, ledit & ladite à present sa femme, de lui autorisée, & suivant leur requisition, & après qu'il nous est apparu de la celebration de leur mariage par le Certificat du sieur Curé de la Paroisse de en date du qui est demeuré joint à ces presentes. Nous leur avons presentement fait païer & délivrer comptant par Fermier de ainsi qu'ils le reconnoissent, ladite somme de cinquante livres en loüis d'argent & monnoïe aïant cours, à la déduction de cinq sols pour la bague d'argent, & cinq sols pour l'expedition dudit Contrat & du present acquit, & pour deux copies d'icelui ; de laquelle somme ledit & sa femme sont contens, & en ont quitté ledit Fermier & tous autres, & consentent que du present païement, il soit fait mention sur toutes pieces que besoin sera. Ce fait ledit Contrat de mariage & le present acquit ont été lûs devant la porte de l'Eglise de ce lieu, en presence de Curé d'icelui, *ou de son Vicaire*, & de plusieurs autres, & là ledit & sa femme ont declaré avoir été bien païez de ladite aumône, & en reconnoissance d'icelle, ont promis de prier Dieu pour Messeigneurs les Fondateurs & leurs successeurs. En témoin dequoi, nous Juge, Procureur Fiscal & Greffier susdits, avons signé le present Acte avec ledit sieur Curé & ledit & sa femme, &

Mettre le jour, le mois & l'année, & les noms & surnoms du mari & de la femme.

Mettre le nom du Curé & de la Paroisse avec la date du certificat.

Le nom & surnom du fermier, & le nom de la Terre.

Mettre le surnom du mari.

Mettre le nom & surnom du Curé ou son Vicaire.

Mettre le surnom du mari.

ordonné au Greffier de le transcrire au Registre à ce destiné ; ce fait, bailler deux copies d'icelui, l'une audit Fermier, l'autre au Procureur Fiscal.

Si le mari ou la femme, ou tous les deux ne sçavent pas signer, il en faudra faire mention.

Fin des Formulaires.

www.ingramcontent.com/pod-product-compliance
Ingram Content Group UK Ltd.
Pitfield, Milton Keynes, MK11 3LW, UK
UKHW021015180726
13838UKWH00004B/1546

9 782329 315805